LA MEUNIERE DE QUALITÉ

OPERA COMIQUE.

En un Acte, mis au Théatre par *Mr Drouin*, Pere des petits Comediens de la Cour.

Representé pour la premiere fois à la Foire Saint Laurent le 24. Septembre 1742.

A BRUXELLES,

M. DCC. XLVIII.

ACTEURS.

LE MAGISTER.

LA MEUNIERE.

LE MARQUIS, VALERE, Pere.

VALERE, fils, Amoureux de Colette.

COLETTE, fille fuppofée de la Meûniere.

MATHURINE, Niéce de la Meûniere.

PASQUIN, Valet de Valere, fils.

TROUPE DE CHASSEURS ET AMAZONES.

TROUPE DE MEUNIERS ET MEUNIERES.

La Scêne eft dans un Village près de Paris, en face d'un Moulin.

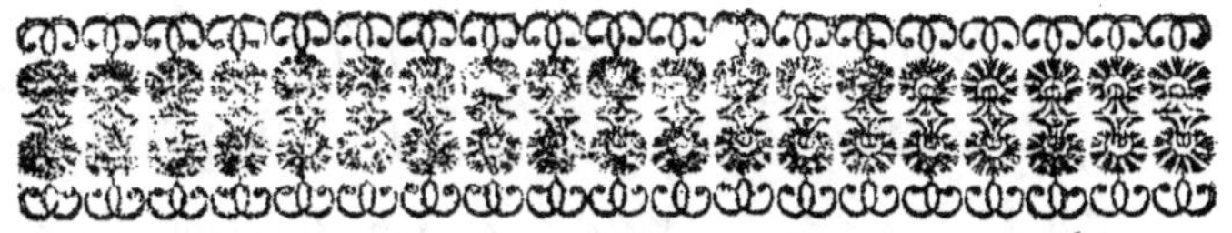

EPITRE DEDICATOIRE
A MONSIEUR
LE MARQUIS
DE MOUCHY.

ONSIEUR,

L'acceuil favorable que vous avez bien voulu me faire à l'égard de la Meûniere de Qualité, sans qu'elle eût l'avantage d'être connue de vous, me fait prendre la liberté de vous l'envoyer aujourd'hui, pour vous souhaiter une heureuse année. Elle n'a pas beaucoup d'Esprit.

Mais comme ce n'est pas sa faute, j'ose me flatter, MONSIEUR, que vous ferez grace à sa simplicité, en faveur de son sexe, & que vous voudrez bien, même ne lui pas refuser l'honneur de votre Protection ; d'où dépend sa réussite ou sa chûte ; ainsi que de celui qui est, & sera toujours, avec un très-profond respect,

MONSIEUR,

Votre très - humble
& très - obéissant
Serviteur,

DROUIN , Pere.

LA
MEUNIERE
DE QUALITÉ,
OPERA COMIQUE.

SCENE PREMIERE.
VALERE PASQUIN.
PASQUIN.

A I R : *Des Feuillantines.*

'O u vient ces empreſſemens ?
. Eh comment !
Jamais tranquille un moment.
Quel ſujet vous trouble encore ?
Eh ! quel eſt le chagrin qui vous dévore ?

VALERE, *fils.*

A I R : *Des Triolets.*

Je n'ai rien de caché pour toi,
Je vais t'en faire conſidence ;

Je ne suis plus maître de moi.
Je n'ai rien de caché pour toi ;
De l'amour je subis la loy.

PASQUIN.

Fort bien.

L'un finit , l'autre recommence.

VALERE , *fils.*

Je n'ai rien de caché pour toi.

PASQUIN.

Voyons donc cette confidence.

VALERE , *fils.*

AIR : *Mere dont la fille est Coquette.*

Connois-tu , qu'aimable Colette ,

PASQUIN.

O lon la la , nous y voilà.

VALERE , *fils.*

Ne la trouve-tu pas parfaite.

PASQUIN.

Oui da , oui da.

VALERE , *fils.*

Qu'elle est bien faite ?

PASQUIN.

Restes-en la.

Landerira,

Comment Diable ; à quoi vous exposez vous ?
Je n'en veux pas être de moitié : Si Monsieur
votre Pere , Seigneur de ces Cantons , & qui

souvent y vient à la Chasse , alloit nous découvrir, hem...... mon honneur , ma réputation.
mes épaules,

V A L E R E , fils.

Peste soit du faquin avec ses réfléxions , tais-toi.

A i r : Des Triolets de Montpellier.

Qu'il est aimable ,
Le cher objet de mon amour ?
Je ne vois rien de comparable ,
Aussi je chante nuit & jour.
Qu'il est aimable,
Ah ! si par un tendre retour
Son cœur se rendoit plus traitable,
Nous pourrions dire tour à tour,
Qu'il est aimable.

P A S Q U I N.

Cela feroit un *Duo* charmant ; mais je crois
que cette Musique-là ne seroit point du goût
de Monsieur votre Pere : un homme sensé comme vous peut-il donner dans un travers pareil ?
Quelle inégalité de condition ! votre Naissance,
votre Noblesse....

V A L E R E , fils.

Bon, bon, ma Noblesse, ma Naissance.

A i r : Sur la fiévre & sur la migraine.

Une vaine délicatesse,
Souvent nous plonge dans l'erreur,
Et la véritable Noblesse
Dépend des sentimens du cœur.

P A S Q U I N.

A i r : Du badinage.

Je suis de votre avis,

A iij

Colette est belle & sage,
Ses yeux ont ébloui
Vos regards ; mais je gage
Que pour le mariage
Vous direz avec moi,
Ma foi,
C'est pour le badinage.

VALERE, *fils.*

Si tu la connoissois, comme moi, tu penserois
bien différemment ; Colette a des sentimens au
dessus de sa naissance.

PASQUIN.

Eh ! comment Diable pouvez-vous sçavoir
cela, lui avez-vous jamais parlé ?

VALERE, *fils,*

Sans doute, lorsque je t'envoyai à Paris la
derniere fois ; pour me dissiper, je me trouvai
déguisé à la Fête de ce Village, à la faveur du
masque je causai avec elle assez long-tems pour
la dévoiler, & depuis ce fortuné moment je n'ai
cessé de penser à elle.

PASQUIN.

Mais, Monsieur.

VALERE, *fils.*

Mais, Monsieur Pasquin, je croyois avoir un
Valet, & non pas un Précepteur ; enfin, il n'est
rien que je ne mette en usage pour arriver à mon
bût.

PASQUIN.

Ma foi, Monsieur, comme dit le Proverbe,
encore un tour de boule, & nous y voilà.

V A L E R E , *fils.*

Tu fais le mauvais plaifant , mais en peu de mots , ta fortune ou ton congé , & cent coups de bâton pour récompenfe.

P A S Q U I N.

Vous êtes trop prévenant , cela me détermine en faveur de la premiere propofition. Hé bien ! que faut-il faire ?

V A L E R E , *fils.*

A i r : *Petit Colin.   Menuet.*

Voilà mon embarras.
Comment dois-je m'y prendre ?

P A S Q U I N.

Ma foi je ne fçai pas
Ce qu'on peut faire en pareil cas.
Attendez ... Laiffez moi refléchir , oui...., non,...
Si fait , m'y voilà.

Fin de l'Air.
Quand on a le cœur tendre ,
A tout il faut s'attendre ;
Quittez l'Officier ,
Prenez le mêtier
De Garçon Meûnier.

V A L E R E , *fils.*

Cela n'eft pas mal imaginé ; mais j'y ferai dia-blement novice : d'ailleurs.....

P A S Q U I N.

J'entends ; vous vous défiez de vos forces Hé bien ! en qualité de bon camarade , fi vous vou-lez je ferai les trois quarts de la befogne.

VALERE, *fils.*

Je vous suis obligé de cette complaisance.

PASQUIN.

AIR : *Comment faire.*

Bien plus, je ferai sans façon
Le tout si vous le trouvez bon :
Allons, Monsieur, déterminez-vous.

Fin de l'Air.

Ha ! j'enrage quand on diffère :
Un Militaire en pareil cas,
Parsembleu ne demande pas
Comment faire.

Cela est un peu trop lent pour un homme (
Guerre.

VALERE, *fils.*

Mais !.....

PASQUIN.

Mais, mais, morbleu, quand vous avez pris
parti des Armes, étiez-vous au fait ?

VALERE, *fils.*

Non : c'est la bonne discipline....

PASQUIN.

O ma foi l'amour ne vous disciplinera que
trop, c'est un grand maître ; tenez, je ne vous
donne pas six semaines pour être plus souple
qu'un gand, & plus soumis qu'un Gascon qui
emprunte : Mais en tout cas, je serai votre point
d'appui.

AIR : *Vous avez bien de la bonté.*

Pour le travail qui conviendra,
Je sçaurai vous instruire,
Et vous n'avez en tout cela
Qu'à vous laisser conduire :

Payez toujours de fermeté,
Et me laisser le soin du reste.
Je vous proteste.

VALERE, *fils.*
Pasquin en verité.
Vous avez bien de bonté.

PASQUIN.
Que diable ! il faut dopter, partez donc pour le Régiment. Aux Armes Camarades....

VALERE, *fils.*
AIR : *Refrain.*

Je ne sçaurois.
Quitter qu'aimable Collette.
J'en mourrois.

PASQUIN.
Paix, chut, j'apperçois la Meuniere avec le Magister on n'y a dit dans le Village que c'est luy qui la gouverne ; allons vite nous travestir, & nous reviendrons nous presenter ; il faut vous resoudre à passer pour mon frere, afin de mieux cacher notre jeu ; je feray toutes les avances en qualité d'aîné. Vous n'aurez qu'à me laisser parler.

AIR : *d'Opera.*
Partons sans differer.

SCENE II.

LE MAGISTER, LA MEUNIERE,

LE MAGISTER.
AIR : *Vous m'entendez-bien.*

Vous avez un air tout chagrin.

LA MEUNIERE.

C'eſt que je crains pour mon moulin
je ne ſçay comment faire.

LE MAGISTER.

Hé bien.

LA MEUNIERE.

Pour me tirer d'affaire.
Vous m'entendez bien.

Air : *Le bonheur de ma vie.*

Je me vois en ce jour.
Dans un triſte veuvage.
Deux Garçons tour à tour.
Abandonnent l'ouvrage.
A la fleur de mon âge.
S'il me faut pour toujours.
Quitter le moulinage.
Adieu mes plus beaux jours.
Ha ! Monſieur le Magiſter.

Air : *Dru Dru Dru.*

Vous ſcavez ce que j'ay perdu.
Mon mary faiſoit rage.
C'étoit un Meunier entendu.
Grivois plein de courage,
Et Dru Dru Dru
Je ne l'ay jamais vû.
Renoncer à l'ouvrage.

LE MAGISTER.

Il eſt vrai que c'étoit un corps de fer.

LA MEUNIERE.

Ha ! dites D'acier.

Air : *Cahin Caha.*

La matinée
Il entroit au Moulin.

Le tout alloit grand train;
Pour moi quel deſtin.
Il faiſoit ſon chemin
Le long de la journée :
Aujourd'hui ce n'eſt plus cela.
De grains je foiſonne
Et je n'ai perſonne,
Pour tant de beſogne.
Ah ! quelle vergogne,
Mon Moulin va
Cahin , caha.   *bis.*

LE MAGISTER.

AIR : *Ma pinte & ma mie.*

Peut-être il ſe trouvera
Un Valet habile ,
Qui par ſon ſçavoir pourra
    Etre fort utile.

LA MEUNIERE,

Plus de courage , il aura
Plus de gage , il gagnera
Par cette reſſource-là.
Je ſerois tranquille,

LE MAGISTER.

AIR : *Quel deſeſpoir.*

    Je vais chercher,
Ne perdez pas toutes eſpérance;
    Je vais chercher
Le moyen de vous défacher ,
    Il faut tacher
De les gagner par la finance.
    Je vais chercher
Le moyen d'en faire approcher.
    Attendez que je penſe.

LA MEUNIERE,

Mais

LE MAGISTER.

Prenez donc patience ;
Attendez que je pense
Où je pourrois en dénicher.
Je veux tacher.

LA MEUNIERE.

Faites donc plus de diligence,

LE MAGISTER.

Sans vous fâcher,
Donnez-moi le tems d'en chercher.

LA MEUNIERE.

Vous parlez à votre aise,
Vous raisonnez comme un Nicaise.
Vous parlez à votre aise,
Mon ouvrage ne se fait pas.

LE MAGISTER.

Que de fracas !

LA MEUNIERE.

Ma foi qu'il ne vous en déplaise,
Je ne puis pas
Supporter ce maudit tracas.

SCENE III.

LA MEUNIERE, LE MAGISTER, COLETTE, MATHURINE.

MATHURINE.

Air : *Ah ! ma Tante.*   bis.

AH ! ma Tante,
Venez voir un bon garçon,

Qui pour servir se présente,
Ah ! ma Tante.

COLETTE.

AIR : *Robin turelure.*

Ils sont deux, je l'ai bien vû,
De différente figure.

MATHURINE.

Le mien a l'air entendu.

LA MEUNIERE.

Turelure.

COLETTE.

L'autre est d'assez belle allure.

LA MEUNIERE.

Robin turelure.

AIR ; *Agnès qu'auparavant.*

Je veux pour m'en servir
Les voir à l'épreuve ,
Car le tout agit en preuve ,
Pour bien choisir ,
S'ils ont de forts talens,
Et qu'ils soient diligens ,
De mes largesses ils seront contens,
Mais ils sont des balourds,
Pesans , foibles & gourds.
Un si chétif secours
Redoubleroit mon mal pour toujours.

Deuxiéme Menuet.

Il faut qu'on soit actif,
Très vif,
Et fort expéditif
Je n'aime point un craintif,
Plaintif ,
Que l'on prendroit pour un poussif.

COLETTE.

Il en est un des deux,
Dont l'air est un peu langoureux.

MATHURINE.

L'autre est un garçon joyeux.

LA MEUNIERE.

Je veux
Moi-même en juger par mes yeux.

COLETTE.

Je vais les avertir.

MATHURINE.

Je vais les faire venir.

LE MAGISTER.

Laissez-vous divertir,
Et vous en jugerez à loisir.

LA MEUNIERE.

Mais je ne prétends pas
Qu'on badine en pareil cas :
L'affaire est très-sérieuse, ne plaisantez pas?
Il faut qu'on soit actif,
Très-vif,
Et fort expéditif.
Je n'aime point un craintif,
Plaintif,
Que l'on prendroit pour un poussif.

(Le Magister sort en riant.

COLETTE.

Je dis que l'un des deux,
A l'air d'être un peu langoureux?

MATHURINE.

L'autre est un garçon joyeux.

LA MEUNIERE.

Je veux,
Moi-même en juger par mes yeux.

SCENE

SCENE IV.

LES ACTEURS PRE'CE'DENS.

PASQUIN ET VALERE , *travestis en Meûniers.*

COLETTE.

Tenez les voici.

LA MEUNIERE.

AIR : *Premiere reprise du premier Menuët.*

Enfans , sçavez-vous bien,
Tout ce qu'il faut faire
Pour vous tirer d'affaire ,
Sans risquer rien,
Il faut dans mon Moulin ;
Du soir jusqu'au matin ,
Travailler comme feroit un Lutin.
Il est de votre honneur,
D'agir avec ardeur ,
Si vous avez du cœur ,
Par-là vous gagnerez ma faveur.

PASQUIN , *sous le nom de Charlot.*

AIR : *De l'Amour je subis les Loix.*

Vous aurez tout contentement :
Si j'entrons à votre service
J'agirons assez rondement ;
Gnia qu'a nous bouttre en exercice,
Le mal, pour nous sera joyeux,
Et je voulons notre Maîtresse.
Travaillez devant, vous tous deux,

Je vous veux
Faire voir notre adreſſe.

LA MEUNIERE.

Fort bien !

Aɪʀ : *Malheureuſe journée.*

J'aime l'exactitude ,
Je m'en fais une loy :
Un peu de promptitude ,
C'eſt le train de chez moi.
Quand la beſogne eſt dure,
Redoublez vos efforts :
La bonne nourriture
Rend les hommes plus forts.

VALERE.

Nous n'en doutons pas.

LA MEUNIERE.

Allons, je vais vous mettre à l'ouvrage.

Aɪʀ : *Viens doux Vainqueur.*

Venez tous deux
Travailler pour ſatisfaire mes vœux,
Je vous veux
Faiʀe un ſort très-heureux :

Fin du dernier couplet.

Dans ces aimables lieux.
Je chéris l'activité ,
Jointe à la vivacité ;
Mais la foibleſſe
Eſt baſſeſſe ,
Il faut courage à tout,
Voilà mon goût.
J'aime que l'on s'empreſſe.

bis

Deuxiéme partie de l'Air.
J'applaudis ,

L'ouvrier qui sans cesse,
Met sa force, & sans adresse
Pour gagner le prix.
Mon cœur répond à son ardeur :
C,a tous deux
Travaillez pour satisfaire à mes vœux.

CHARLOT.

Et je ne cherchons que cela. (*Ils sortent.*

SCENE V.

COLETTE, MATHURINE.

MATHURINE.

Air : *Et vangez vous, Madame.*

Que pense-tu, Cousine
De ce garçon ?

COLETTE.

Qu'il a fort bonne mine.

MATHURINE.

Son Compagnon
A l'air d'être un malin
Qui joue au fin.

Je ne sçai, mais je soupçonne quelque chose.

COLETTE.

Eh quoi !

MATHURINE.

Air : *Faire l'Amour la nuit & le jour.*

Le tour est gracieux.

B ij

Oh ! le plaisant mystére,
Je les crois en ces lieux,
Cachez tous deux pour faire l'Amour
La nuit & le jour.

Oui, je ne crois pas me tromper, va ma Coufine, quoique jeune, j'ai de l'expérience.

COLETTE.

Ah ! je n'en doute point. Après tout, je ne ferois pas fachée que cela fut, puisqu'on dit que l'Amour, eft de tous les plaifirs, le plus amufant.

MATHURINE.

Cela n'eft pas douteux.

AIR : *J'ai fenti mon cœur, tique, tique, taque.*

Lorfqu'un garçon vient m'accofter,
Je reffens mon cœur taqueter.

COLETTE.

Quand il eft venu m'aborder,
J'ai dit tout auffi tôt,
Voilà ce qu'il me faut;
J'ai fenti même
Un plaifir extrême,
J'ai fenti mon cœur palpiter.

MATHURINE.

AIR : *C'eft de l'efprit affurément.*

C'eft de l'amour, je le fens bien,
Qui vient en moins de rien.

COLETTE.

Je fens la même chofe,
Je commence à frémir. *Elle fouspire.*

MATHURINE.

Ah ! quel soupir !

COLETTE.

Grands Dieux ! je n'ose,
Vous supplier de m'en guérir.

MATHURINE'.

AIR : *Sainte Modeste.*

Chere Cousine,
Evitons le danger.
On nous lutine
Pour nous faire enrager,
Pour nous dédommager,
Et pour nous soulager,
Du mal qu'on nous destine.
Evitons le danger,
Chere Cousine.

COLETTE.

Je le veux bien, mais cela les rebutera peut-
être, & ça me feroit de la peine, car je n'aime
point avoir souffrir.

MATHURINE.

Le bon petit cœur ; non, non, ne crains rien,
au contraire, c'est le moyen de les rendre encore
plus amoureux. Je m'y connois !

COLETTE.

AIR : *Pour la Baronne.*

Je m'abandonne
A faire ce que tu voudras.

MATHURINE.

Que cette Agnès a l'ame bonne. B iij

COLETTE.

Oui, c'en est fait entre les bras
Je m'abandonne.

MATHURINE.

Les voici, sauvons-nous.

COLETTE.

Je n'ai pas la force de courir.

SCENE VI.

PASQUIN, VALERE, MATHURINE, & COLETTE.

VALERE, *sous le nom de Colinet.*

Un moment, belle Colette.

PASQUIN, *sous le nom de Charlot.*

Ecoutez-moi, charmante Mathurine.

MATHURINE.

De quoi est-il question ?

COLETTE.

Qu'avez-vous à me dire ?

VALERE.

Le voici.

Air : *Tyrcis pour complaire à Nannette.*
L'autre jour je vous vis seulette

A l'ombre de ce verd buiſſon,
Tendrement baiſſer un Mouton,
Qui paiſſoit la naiſſante herbette,
Je, je je convoitois, belle Colette,
Le fort de l'aimable toiſon.

C O L E T T E.

Quel bien cela pouvoit il vous faire ?

V A L E R E.

Il m'eſt deffendu de vous le dire.

C O L E T T E.

Oh ! dame, je ne ſçai pas deviner. C'eſt à
vous à me découvrir ce que vous penſez.

P A S Q U I N.

Hé bien ! Monſieur, vous reſtez court en
votre place.

M A T H U R I N E.

Que feriez-vous, Monſieur Charlot ? parlez
net.

P A S Q U I N.

Moi ! tenez, je vais d'abord au fait. Voici le
nœud.

AIR : *De caprice.*

Si vous voulez nous ſuivre,
Nous vous emmenerons,
Nous fournirons les vivres,
Nous ſommes bons garçons ;
Nous vous chérirons,
Vous épouſerons,
Et nous vous ferons
Digue, daine, don, don ;

Voir en bonne Ville,
Qu'un enlevement n'eſt pas inutile,

MATHRINE.

AIR : *Paris eſt au Roy.*

Point d'enlevement,
Et ſi donc. Comment?
Où ſeroit la pudeur ?
Où ſeroit l'honneur ?
Ma Couſine & moi
Dans la bonne foi,
Voulons de bon alloy
Obſerver la loy.

La tendreſſe,
    Eſt baſſeſſe ;
Quand elle prend un détour ;
    Je mépriſe
Qui déguiſe ,
Et veut en un jour
Trop bruſquer l'Amour

Funeſtes momens ,
Perfides Amans ,
Vous abuſez ſouvent
Du fatal inſtant ,
Où notre raiſon
Se livre au doux poiſon
Des plaiſirs ſéducteurs,
Qui font nos malheurs.

Nous avons réſervé ,
Juſqu'ici conſervé ,
Toujours une parfaite innocence.
    La décence,
    La prudence,

Font de notre cœur
Le parfait bonheur.

Quel bien plus charmant !
    Et quel agrément
D'avoir de sa pudeur
La brillante fleur.
        Gardez le respect ;
Ne soyez point suspect ,
Vous parviendrez un jour
Au but de l'Amour.

VALERE.

Air : *D'une certaine façon.*

D'une cruelle façon ,
Vous traitez notre tendresse ;
Nous n'exigeons rien qui blesse
Votre esprit , ni votre nom ;
Pour calmer votre colere,
D'une amoureuse façon ,
Voyez si vous trouvez bon
Que je dise à votre mere
Que vous avez sçu nous plaire
        D'une sincere façon.

COLETTE.

Air : *Quand je vous ai donné mon cœur.*

Vous avez trop sçu m'engager,
Je ne puis m'en défendre.

MATHURINE.

Oui , mais si vous voulez changer ,
Vous devez vous attendre ,

Que nous sçaurons pour nous vanger ;
Nous choisir un autre Berger.

VALERE.

Air : *Si l'Horloge ne sonne, moi je la fais sonner*

Comptez sur ma constance,
Et ne doutez jamais
De ma perséverance
Pour vos divins attraits.

COLETTE.

Cette ardeur est trop forte,
Pour le premier instant,
En amour de la sorte
Passe comme le vent.

CHARLOT.

Air : *Le même.*

Je ne fus jamais traitre,
Je jure par vos yeux,
De me faire connoitre
Toujours de mieux en mieux.

MATHURINE.

Cette avance est bien forte,
Charlot, j'y vois trop clair :
Un amour de la sorte
Passe comme l'éclair.

On n'a pas le moment de la réfléxion.

COLETTE.

Cela est vrai, & puis vous n'avez pas eu le tems de vous connoître. A peine êtes vous arrivé.

VALERE.

C'est ce qui vous trompe.

A i r : *Je sens bien qu'il m'en faudroit.*

Je vous vis le jour de la fête,
De vous je m'approchai d'abord ;
J'étois masqué, je vous arrête.

C O L E T T E.

C'étoit vous, je m'en souviens fort ;
Vous me disiez que j'étois belle,
Que mon cœur étoit satisfait.
Alors sans faire la cruelle,
Je dis, voilà ce qu'il me faudroit.

V A L E R E.

Depuis cet heureux instant, vous n'avez point
désemparé mon cœur.

C O L E T T E.

A i r : *Je sens un certain je ne sçai quoi.*

Si vous parlez de bonne foi,
    Partez avec vitesse.

M A T H U R I N E.

Dépêchez-vous, car le tems presse,
Mon cœur n'est plus maître de soi
Je sens un certain je ne sçai qu'est-ce.

C O L E T T E.

Moi ! je sens un certain je ne sçai quoi.

A condition toutefois que vous ne resterez pas
Meûnier ; car je n'aime point ce métier-là : il
me semble que j'étois née pour toute autre chose.

V A L E R E.

Je pense comme vous ; aussi-tôt mariée, serviteur au Moulin.

CHARLOT.

AIR : *Il est joly, il est gentit.*

Adieu, je cours,
Suivez-moi, soyez prête;
Il ne faut pas qu'un zeste
Croise nos amours.

COLETTE.

Ce n'est pas tout,
Il faut sur tout
Parvenir à la gloire,
D'aller jusqu'au bout.
Voici le fait
De ce projet,
Nous n'aurons la victoire
Que par son effet.

MATHURINE.

Suite de l'Air.

Ma Tante est une femme,
Qui n'entend pas raison :
Souvent la bonne Dame
Nous donne pour leçon,
Que nous devons toujours à son endroit
Abandonner le droit.

Partez.

SCENE VII.

COLETTE, MATHURINE.

COLETTE.

AIR : *Voici les Dragons qui viennent.*

Voici l'ami de ma mere,
Faisons lui la cour;

Il doit être mon beau-pere
Il peut tout lui faire faire
Dans ce sejour..

MATHURINE.

Oui, c'est la pierre d'Aimant du cœur de ma
Tante : il en fait ce qu'il veut ; mais peut-être
fera t'elle difficulté de donner son consentement ?
Car je crois qu'elle veut se marier, & sans doute
elle voudra passer la premiere. Et cela est juste.

COLETTE.

Air : *Toujours va qui danse.*

Elle aura pourtant beau vouloir,
Je saisis ce qui me flatte ;
Et j'aurois honte de me voir
Passer pour une ingratte.
Je choisis Colinet ; je crois
Que j'aurai bonne chance.

MATHURINE.

Charlot semble être fait pour moi.
Il a l'air à la danse.

Elles se retirent de l'éloignement.

SCENE VIII.

COLETTE, MATHURINE, LE MAGISTER.

LE MAGISTER, *rêvant.*

PLus j'y pense, & plus je vois que l'amour est
de la partie ; celui qui vient de m'assurer que
ce prétendu Colinet, n'est autre que Monsieur

Valere, le connoit trop bien pour s'y trompe
en tout cas, s'il en veut à Colette, je lui mén
ge un événement auquel il ne s'attend pas.

MATHURINE, *approchant.*

Bon jour, Monsieur le Magister, que vo
vous portez bien ?

COLETTE.

AIR : *Sur la fiévre & sur la migraine.*
Vous êtes frais comme une rose.

LE MAGISTER.

C'est que je n'ai point de chagrin.

MATHURINE.

Apprends lui donc.

COLETTE.

Qui, moi ! je n'ose.

MATHURINE.

Ma foi l'affaire est en bon train.

LE MAGISTER.

AIR : *C'est Mademoiselle Manon.*

Mais vous parlez tout bas, expliquez-moi la chose,
Comptez-moi le sujet qui vous met en souci ;
J'y remédierai lorsque vous m'aurez éclairci.
Le flambeau de l'Hymen en seroit-il la cause ?
   L'amour par ses coups,
   De Cythere auroit-il en vous,
   Fait naître les désirs
   Du prix de ces plaisirs.

COLETTE.

AIR : *Le prix de Cythere.*
Nous ignorons le doux mystére,

Des plaisirs que ce Dieu peut faire.
Vous embaraffez nos efprits,
    Mais j'efpere
Que vous direz quel eft le prix de Cythere.

LE MAGISTER, *à part.*

Me voilà dans un terrible labyrinthe ; je ne
fçai trop fi je pourrai en fortir avec honneur ;
attendez.

AIR : *Tant de valeur & tant de charmes.*

Ce prix eft un feu vif & prefte ;
Qui d'abord enflamme le cœur,
Et par un charme féducteur ,
Veut fe rendre maître du refte,

COLETTE.

AIR : *Des billets doux.*

J'entends bien moins qu'auparavant.

MATHURINE.

Expliquez vous plus clairement.

LE MAGISTER.

Pefte de l'ignorante.

Tenez.

C'eft comme un fruit dont la couleur,
Vous promet beaucoup de faveur ;
Dont le goût nous enchante.

MATHURINE.

AIR : *Sous l'Orme.*

Je commence à comprendre ;
C'eft comme un Abricot,
Que fur l'arbre on va prendre ;
Qu'on mange & n'en dis mot.

LE MAGISTER.

A peu près.

COLETTE.

Ou c'eſt comme une Pêche,
Bien mûre & pleine d'eau
Qu'on trouve ſaine & fraiche.

Alors.

On caſſe le noyau.

AIR : *Ma Pinte & ma Mie, auguay.*

Pour avoir l'amande.

LE MAGISTER.

La
Petite friande.
Songez que chacun dira ;
Ha qu'elle eſt gourmande !

COLETTE.

Je me mocque de cela,
On dira ce qu'on voudra ;
Mais je veux l'amande,
La
Oui, je veux l'amande.

AIR : *Il faut que je fille.* **Refrain.**

Pour en faire faire ce qu'il me plaira.

LE MAGISTER.

Vous avez raiſon, mais il ne faut pas marquer
trop d'empreſſement.

MATHURINE.

Bon, bon, on a toujours la fureur de nous
deffendre ce qui peut nous faire plaiſir ; mais
allons

llons au fait. Il s'agit à préfent, Monfieur le Magifter, de vous intereffer pour nous auprès de ma Tante, en faveur de ces deux jeunes garçons qui veulent nous époufer.

COLETTE.

Oui, ils font allez pour obtenir fon confentement.

LE MAGISTER, *à part.*

Ah ! nous y voilà, *haut*, mais cela eft un peu violent. Comment ? dans un feul jour, fe voir s'aimer & s'époufer. Encore faut-il fçavoir qui font ces gens-là.

MATHURINE.

Ils nous ont dit qu'ils fortoient actuellement de chez Monfieur le Marquis Valere, un Seigneur des environs d'ici.

COLETTE.

Et j'ai vu un Certificat bien figné de ce nom. Il n'y a point à en douter. Ainfi Monfieur le Magifter,

AIR : Bûvons à nous quatre.

Ne faites point naître
De délai facheux ;
Protégez nos Amoureux,
Vous êtes le maître
De les rendre heureux ;
Et nous avec eux.

LE MAGISTER.

Eh comment cela.

MATHURINE.

Pardi cela eft bien difficile à deviner.

A i r : *L'autre jour dans un Bocage.*

Un jour parlant à ma Tante ,
  Vous comptiez de grand cœur
    Votre vive ardeur.
Qu'elle paroissoit contente ,
  De vous voir en si belle humeur.
  Vous fites un certain geste ,
  Aussi-tôt , elle d'un air modeste,
    Vous dit Magister.
    Mais d'un ton fier ;
Vous le prenez d'un plaisant air.
Vous faisant l'adorateur ,
    Dites l'honneur
    Et la faveur
    D'avoir la fleur.
Du maintien qui vons reste ;
  Fait que de mon bien ,
    Sans ôter rien ;
    Je vous fais don
Si vous le trouvez bon.

Elle vous répondit :

A i r : *Refrain.*
Tout comme il vous plaira ,
    Touchez-là ,
  Tout comme il vous plaira.

Dame , je vis tout, j'entendis tout ; ainsi vous
ne pouvez vous en dédire

C O L E T T E.

Pour moi je donne mon consentement à Monsieur le Magister, pourvu qu'il nous fasse épou-
ser nos Amans

L E M A G I S T E R , *à Colette,*
Et lequel des deux a içu vous plaire.

COLETTE.

Oh ! c'est Colinet, Monsieur le Magister.

LE MAGISTER, *à part.*

Fort bien ! (*haut*) Allons je me rends à vos instances.

A I R : *Boire à son tour.*

Je vais vous seconder
De la bonne maniere ;
Il faut lui demander
Qu'elle vous laisse faire .
Dans ce beau jour
Un peu la cour,
Mais sans détour.

Je vais l'empresser, mais je crois que je la vois.
Justement, elle paroît de mauvaise humeur. Laissez moy la prévenir.

.SCENE IX.

LA MEUNIERE, LES AMOURFUX LE MAGISTER, ET LES DEUX AMOUREUSES

LA MEUNIERE.

A I R : *Il faut connoitre.*

IL faut connoître avant que d'aimer ,
Ma tourlourette ;
Il faut connoître avant que d'aimer
Et de s'époufer.

LES AMOUREUX, *ensemble.*

A I R : *Ah ! Madame Henroux.*

Ah ! Madame, hélas !

C ij

Ne rebutez pas
Le feu qui nous presse.
Ah ! Madame, helas !
Le feu qui nous presse,
Ne rebutez pas.

LA MEUNIERE.

Voyez avec leur ah.   *bis.*
Quoique l'amour vous blesse,
Cela ne se peut.

LES AMOUREUX.

Ah ! Madame, hélas !
Le feu qui nous presse
Ne s'éteindra pas.

VALERE.

Voici des garands de notre probité.

LE MAGISTER.

Cela est en bonne forme.

PASQUIN.

Diable, celui qui l'a fait l'entend au mieux.

LA MEUNIERE.

Air : *L'Onguent miton, miton, mitaine.*

Pour n'être point en défaut,
De votre bien il me faut
Une preuve certaine.

PASQUIN.

Nous avons ce qu'il nous faut,
Pour subsister sans peine.

LE MAGISTER.

Air : *Mon Papa toute la nuit.*

Quoi ! voulez vous résister,
Croyez-moi, si bon vous semble.

Uniffez fans contefter ,
Des cœurs que l'amour raffemble ,
    Marions-nous ,
Faifons nos nôces enfemble ,
    Marions-nous.

        bis.

LA MEUNIERE.

J'y confens.

LES TROIS AMOUREUX.
Quel bien plus doux.

LA MEUNIERE, *au Magifter.*

Mais, Monfieur le Magifter, il y a pourtant une difficulté. Vous fçavez bien que Colette.

LE MAGISTER.

Je fçai tout ce que vous voulez dire. Mais !

    AIR : *Au gué , lan la , lan laire.*

  Nul foin ne vous engage,
    Dans tout ceci ;
Car des gens du Village
    M'ont éclairci.
On connoit ces deux garçons-là.
    L'Hymen fe fera ,
    On l'approuvera ;
  J'ai pour ce Mariage
    Ce qu'il faudra.

Bas. Je vais vous parler , & lever toutes vos difficultez.

Haut. Allons nous mettre en regle , Madame la Meuniere ; & vous , Mefdemoifelles , fuivez-moi , je vais donner les ordres néceffaires pour nous bien divertir Nous fommes à vous dans un moment , Monfieur.

MATHURINE.

Vous viendrez nous joindre.

        C ij

SCENE X.

PASQUIN ET VALERE.

VALERE.

AH ! mon cher Pasquin, je touche au moment d'être heureux, & toi.

PASQUIN.

AIR : Je viens de vous choisir pour ma petite femme.

Mais ne craignez-vous rien,
Du sentiment d'un pere :
Ne pourroit il pas bien,
Soit dit sans vous déplaire,
Monsieur,
Nommez un légataire
Dans sa fureur.

VALERE.

Sottise.

*AIR : Par bonheur qu'il est encore temps de rompre nos
engagemens.*

Il m'aime, il me pardonnera,
Je suis assurée de cela.

AIR : Contentement passe.

Et puis.

Contentement
Vaut bien mieux que richesse,
Un tendre Amant
Doit saisir le moment,
Du doux penchant
Où l'amour l'interesse :
Ce Dieu charmant

fin.

Lui dicte finement.
      Contentement
Vaut bien mieux que richeſſe ,
      Fidel amant
Profitez du moment.

PASQUIN.

AIR : *Le plaiſir paſſe la peine.*

Pour le voyage de Cythere .
S'attirer le courroux d'un pere ,
La peine paſſe les plaiſirs.

VALERE.

Oui , mais.

AIR : *De la Paſtorale d'Iſſé.*

Quand le penchant
Qui nous entraine ,
Conduit au but de nos déſirs   *bis.*
On eſt inſenſible â la peine ,   *bis.*
Et l'on ne reſſent que les plaiſirs.

PASQUIN.

AIR : *Sans deſſus deſſous.*

Ma foi je m'apperçois trop bien ,
Que ma raiſon ne ſert à rien ,
Colette a ce qu'il faut pour plaire ,
Votre cœur eſt pris pour cette Meuniere ,
Et le ſien eſt de même à vous.
Ah ! que votre ſort va faire de jaloux ,
Sans devant derriere , ſans deſſus deſſous.

VALERE.

J'entends des Chaſſeurs ; allons rejoindre nos
gens , & terminer au plûtôt.

PASQUIN.

AIR : *Refrain.*

Ah : qu'il y va le compere.
Ah : qu'il y va gayement.

SCENE XI.

LE MARQUIS VALÉRE,

Troupe de Chaffeurs & Dames en habits de Chaffe.

LE MARQUIS.

Air : *Jardinier ne vois tu pas*

Prenez un peu de repos
Reftons en cette place,
Tenons des joyeux propos
Nous reprendrons à propos,
  La Chaffe.   *bis.*

Ne nous a ton pas dit que la Meuniere étoit
fur le point de fe marier.

UN CHASSEUR.

Ouy avec le Magifter.

LE MARQUIS.

Parbleu il faut refter pour voir cette nôce,
cela nous amufera.

UN CHASSEUR.

Volontiers ils viennent tous deux nous allons
être eclairci.

SCENE XII.
LE MARQUIS.

Air : *Ton joly belle Meuniere.*

ARrivant belle Meuniere,
Nous avons appris,
Que dans peu vous devez faire
honneur à Cypris.
N'en faites point de mystere,

LA MEUNIERE.

Le moment est pris.
Dans l'instant vous allez entendre les Menes-
triers, & voir les garçons & filles du village que
nous avons prié de venir se rejouir avec nous
si vous voulez nous faire, l'honneur de rester,
vous verrez trois nôces ensemble.

LE MARQUIS.

Volontiers, Mesdames, c'est un triple plaisir.

LA MEUNIERE.

Cela se trouve rarement. Il faut en profiter.

LE MARQUIS.

Mais qui donc encore se marie.

LA MEUNIERE.

Colette & Mathurine, ma Niéce, elles ent
chacune un Amoureux choisi.

LE MARQUIS.

Qu'en dit Monsieur le Magister.

LE MAGISTER.

Que je les crois fort bien partagez. C'eſt moi qui ai déterminé Madame la Meuniere ; je viens de mettre tout en ordre : vous allez voir les Amoureux , vous en jugerez vous-même. J'entends la Symphonie.

Prélude. Voici ſans doute nos Convives.

SCENE XIII, & derniere.

Les Acteurs précedens & toute la Nôce marche après la Marche.

LE MARQUIS.

COmment , Monſieur mon fils , vous commencez votre Carnaval de bonheure.

PASQUIN.

Non , Monſieur , ce n'eſt point ici un tour de Carnaval : nous allons nous marier , Monſieur, à Colette , & moi à Mathurine.

LE MARQUIS.

Comment morbleu , ſans mon aveu , j'eſtime beaucoup Madame la Meuniere ; mais je ne conſentirai jamais à un mariage ſi diſproportionné.

VALERE.

Mon Pere je vous demande pardon , je vous prie de conſiderer du moins l'aimable Colette.

LE MARQUIS.

Aimable tant que vous voudrez , je n'y con-
sentirai point.

PASQUIN.

Je vous l'avois dit , vous ne m'avez pas voulu croire maudite chasse. C'est toy qui la conduit icy , nous voilà pris au trebuchet , par ma
foy c'est bien le mariage fait & rompu.

LE MAGISTER *à la Meuniere.*

Il est temps de la faire connoitre parlez voicy de quoy.

LA MEUNIERE.

Si vous voulez bien m'ecouter , je vais vous
éclaircir par une petitte comparaison que je
crois vous fera plaisir.

LE MARQUIS.

Je le souhaitte.

LA MEUNIERE.

La voicy

AIR : *Si vous voulez que je vous baise.*
Un Jardinier met sous la cloche.
Un fruit qu'il conserve à plaisir.
C'est le moyen que rien n'approche
De tout ce qui peut le fletrir.
AIR : *Je ne veux point troubler votre ignorance.*

Sans nul secours Colette & sans reproche.
Ses sentimens ont sçu la garantir.
Lisez Monsieur , voyez que rien ne cloche.
Voilà ses droits ce titre doit servir.
Lui donnant les papiers.

COLETTE, *étonnée.*

Qu'eft ce que touà cela veut donc dire.

LA MEUNIERE.

Soyez tranquille ma chere Collette vous n'êtes point ma fille & j'ay voulu...,

LE MARQUIS *après avoir lû.*

AIR : *Jus d'Octobre*

Que vois-je ? ce n'eft plus Colette,
C'eft la fille du vieux Damis ;
Ah ! que mon ame eft fatifaitte.
à Valere C'eft l'objet qui t'éfoit promis,

VALERE, *fils.*

Ah mon Pere, ah Collette ;

COLETTE.

Je ne fcay où j'en fuis.

LE MARQUIS.

En effet ces traits font frappant , fon, air fa figure tout me rappelle mon ancien amis, mais je la croyois périe avec fon pere, comment donc vous eft elle reftée ?

LA MEUNIERE.

Comme ttop jeune pour l'expofer à un fi grand voyage, elle m'a été confiée ; je l'ay nourie voyant fon defaftre , je l'avois adoptée comme ma fille , & je la perds.

LE MARQUIS.

Ce fentiment eft trop fenfible pour ne pas vous en marquer une reconnoiffance éternelle.

LE MAGISTER.

AIR : *Partons tous Cupidon nous appelle.*

Chantons tous
Le bonheur de Colette
Dans ce rendez-vous,
Que mille fois l'écho répéte.
Un bien si doux
Que chacun s'empresse & s'interesse,
A marquer ici son allegresse;
Profitez jeunes Amans,
De vos beaux ans.
Les plaisirs sont faits pour la jeunesse,
Est-il de beaux jours
Sans les tendres amours.

LA MEUNIERE.

AIR : *Tambourin d'Hypolite & d'Aréfie.*

Banissons la tristesse,
Il faut nous réjouir,
Trop de délicatesse
Empêche de jouir,
Dans la belle jeunesse
Toujours beaucoup de gayeté
De la vivacité,
Point un air affecté,
Folatrons, chantons sans cesse,
Plaisirs
Couronnez nos désirs.

Fin de la Piéce.